PENSAMIENTO POSITIVO

Una mejor guía para superar la negatividad y lograr la felicidad

(La mejor guía para sobreponerse a la negatividad y alcanzar la felicidad)

Cid Rivas

Publicado Por Jason Thawne

© **Cid Rivas**

Todos los derechos reservados

Pensamiento Positivo: Una mejor guía para superar la negatividad y lograr la felicidad (La mejor guía para sobreponerse a la negatividad y alcanzar la felicidad)

ISBN 978-1-989891-07-0

Este documento está orientado a proporcionar información exacta y confiable con respecto al tema y asunto que trata. La publicación se vende con la idea de que el editor no esté obligado a prestar contabilidad, permitida oficialmente, u otros servicios cualificados. Si se necesita asesoramiento, legal o profesional, debería solicitar a una persona con experiencia en la profesión.

Desde una Declaración de Principios aceptada y aprobada tanto por un comité de la American Bar Association (el Colegio de Abogados de Estados Unidos) como por un comité de editores y asociaciones.

No se permite la reproducción, duplicado o transmisión de cualquier parte de este documento en cualquier medio electrónico o formato impreso. Se prohíbe de forma estricta la grabación de esta publicación así como tampoco se permite cualquier almacenamiento de este documento sin permiso escrito del editor. Todos los derechos reservados.

Se establece que la información que contiene este documento es veraz y coherente, ya que cualquier responsabilidad, en términos de falta de atención o de otro tipo, por el uso o abuso de cualquier política, proceso o dirección contenida en este documento será responsabilidad exclusiva y absoluta del lector receptor. Bajo ninguna circunstancia se hará responsable o culpable de forma legal al editor por cualquier reparación, daños o pérdida monetaria debido a la información aquí contenida, ya sea de forma directa o indirectamente.

Los respectivos autores son propietarios de todos los derechos de autor que no están en posesión del editor.

La información aquí contenida se ofrece únicamente con fines informativos y, como tal, es universal. La presentación de la información se realiza sin contrato ni ningún tipo de garantía.

Las marcas registradas utilizadas son sin ningún tipo de consentimiento y la publicación de la marca registrada es sin el permiso o respaldo del propietario de esta. Todas las marcas registradas y demás marcas incluidas en este libro son solo para fines de aclaración y son propiedad de los mismos propietarios, no están afiliadas a este documento.

TABLA DE CONTENIDO

PARTE 1 1

INTRODUCCIÓN 2

CAPÍTULO 1: QUÉ ES EL PENSAMIENTO POSITIVO 4

CAPÍTULO 2: LOS BENEFICIOS DEL PENSAMIENTO POSITIVO 13

CAPÍTULO 3—PASO 1: PLANEACIÓN DE VIDA CON UNA VISIÓNPOSITIVA 19

CAPÍTULO 4— PASO 2: LLEVE A CABO UN INVENTARIO PERSONAL 21

CAPÍTULO 5 — PASO 3: DETERMINE LAS CAUSAS 23

CAPÍTULO 6 — PASO 4: SU PARTICIPACIÓN 27

CAPÍTULO 7— PASO 5: DESCONÉCTESE 31

CAPÍTULO 8— PASO 6: LA NATURALEZA HUMANA Y LA AUTOCOMPRENSIÓN 37

CAPÍTULO 9 — PASO 7: DESCUBRA Y COMPRENDA SUS PROPIAS NECESIDADES EMOCIONALES 41

CAPÍTULO 10 — PASO 8: FUENTES DE APOYO 46

CAPÍTULO 11 — PASO 9: LA REGLA DE ORO 51

CAPÍTULO 12 — PASO 10: INFLUENCIE A OTROS 54

CONCLUSIÓN 56

PARTE 2 59

INTRODUCCIÓN – QUÉ ES EL PENSAMIENTO POSITIVO Y LA HISTORIA DE ESTA FILOSOFÍA 60

CAPÍTULO 1: CONSEJOS DE PENSAMIENTO POSITIVO PARA MEJORAR LA CALIDAD DE VIDA 69

CAPÍTULO 2: HÁBITOS DE PENSAMIENTO POSITIVO PARA UNA VIDA MÁS ENRIQUECEDORA 77

CAPÍTULO 3: EL PENSAMIENTO POSITIVO Y EL PODER DEL AHORA 85

CAPÍTULO 4: MÉTODOS DE PENSAMIENTO POSITIVO PARA LA DIVERSIÓN Y LA RELAJACIÓN 91

CONCLUSIÓN 95

Parte 1

Introducción

Ante todo, quiero agradecerle y felicitarle por haber descargado el libro.

Hay personas que dicen que el conocimiento es poder, pero yo no estoy de acuerdo. Yo creo más bien que el conocimiento es energía potencial.Sólo se traduce en verdadero poder a través de la **acción.**

Lo que hacemos tiene siempre su origen en lo que sabemos. Lo que sabemos es lo que hemos aprendido voluntariamente o lo que involuntariamente hemos absorbido a través de la experiencia. Una manera de aprender conscientemente es leyendo libros.Pero leer un libro no es suficiente para aprender. Hay que poner en acción lo que se aprende, ejecutándolo o implementándolo.

Si desea un cambio real en su vida, debe practicar lo que aprende. Sólo entonces los conocimientos potenciales que hayaadquirido leyendo un libro se convertirán en realidad. Si pretende sololeer, pero no traducesus conocimientos en acciones, no vale la pena continuar. El cambio que desea no puede ocurrir sisu conocimiento no se traduce en acciones concretas.

Un aprendizaje muy importante y necesario para el éxito es el desarrollo del *pensamiento positivo*. El aprendizaje, al igual que el éxito y la calidad de vida, son aspectos positivos. Y la adquisición de estos aspectos positivos requiere de una forma igualmente positiva para asegurarlos. Y el medio necesario para asegurarlos es a su vez, el *pensamiento positivo*.

Un pesimista o alguien con carácter destructivo, por ejemplo, no puede esperar tener éxito y vivir feliz. Si por alguna circunstancia tienen éxito en algo, este éxito eventualmente desaparecerá o no les dará la máxima satisfacción.

Usted está a punto de averiguar qué es el pensamiento positivo, qué beneficios emocionantes de por vida va a derivar de él y cómo desarrollarlo en 10 formas fáciles y efectivas. ¡Va a alegrarse de haberlo hecho!

Capítulo 1: Qué es el Pensamiento Positivo

Todos en este planeta queremos tener éxito y ser tan felices como nos sea posible. Esto se aplica siempre, no importa cuántas desgracias parezcan opacar este deseo natural de felicidad. La felicidad es el único fin de la vida y el *pensamiento positivo* es el único medio para lograrlo.

El investigador en psicología Remez Sasson define el *pensamiento positivo* como el hábito o actitud mental y emocional de apoyarse en el lado positivo de las cosas. Ve todas las cosas, sobre todo las adversidades, como que están desapareciendo y que al final todo está saliendo bien. Es similar al optimismo, que es la creencia en que el futuro solo promete cosas buenas.

Un pensador positivo le resta importancia a las situaciones y percepciones negativas. Se basa en la superioridad del bien y de la felicidad y de todo lo que ellas representan. Ellos creen que la naturaleza le ayudará al ser humano a superar todos los obstáculos. Están fuertemente convencidos de que la vida es básicamente buena y que conducirá solo a lo que es bueno y reemplazará todo lo que sea adverso.

Pensadores Positivos vs.Pensadores Negativos

Sasson en su artículo"El Poder del Pensamiento y la Actitud Positivos" añade ademásque la respuesta equivocada a una mala experiencia y una educación incorrecta terminan llevando a pensamientos negativos.las personas reaccionan de forma diferente a las experiencias debido a las diferencias individuales.También los pensadores negativos en una familia influyen en los demás miembros para que sean como ellos.Esto hace que la educación y la compañía que escojamos se conviertan en piezas muy importantes para nuestro éxito y felicidad.La exposición constante a una mala actitud es mucho más infecciosa delo que puede seruna enfermedad física.Tenga en cuenta lo queJim Rohn, experto en mentalidad personal, siempre suele proclamar durante sus seminarios:"Usted termina convirtiéndose en el promedio de las 5 personas con las que se asocia con más frecuencia".En otras palabras, si constantemente se asocia con pensadores negativos, eso lo terminará llevando a la negatividad.

Hay muchos pensadores negativos alrededor nuestro. Son los que se desaniman fácilmente, los que desconfían de otros, los que no cooperan con los demás y los que amplían fuera de toda proporción el lado negativo de una situación. Ellos también desacreditan a los optimistas y pensadores positivos a quienes tachan de poco realistas y solo soñadores. La vida para ellos es una ingrata tarea o un dolor que deben soportar. Nadie quiere estar cerca de los pensadores negativos.

Hay Buenas Noticias
Por otra parte, hay una tendencia creciente—hay cada vez más y más personasque creen que el mundo está para hacernos bien.Ellos ven la luz al final del túnel a pesar de las dificultades crecientes del día de hoy.Ellos creen que hemos sido creados para cosas buenas y que esa misma buena voluntad finalmente triunfará sobre el mal.

El positivismo, el pensamiento positivo y el optimismo rápidamente están ganando cada vez más partidarios.Ellos creen que el pensamiento positivo es un medio eficaz para todos los resultados positivos.La tendencia se puede ver en la rápida venta de libros y en la asistencia a conferencias y cursos sobre el pensamiento positivo.

El pensamiento positivo puede entenderse como una forma de sobrevivir a la embestida de las sucesivas tribulaciones modernas — fracasos escolares, distanciamientos y separaciones familiares, pérdida de puestos de trabajo, enfermedades, etc.El deseo de seguir viviendo o de seguir adelante requiere de un cambio en la perspectiva, de negativa a positiva. Visto de otra manera puede ser, como lo indica Sasson, el resultado de una toma de consciencia personal sobre la primacía del bien sobre el mal.

Un Hábito, Una Forma de Vida

El pensador positivo no necesariamente es una persona que es inusualmente afortunada y que se ha librado de dificultades o de rechazos, escribe Sasson. Tampoco es un soñador ni alguien que ha perdido el contacto con la realidad. Por el contrario, es alguien cuya percepción global del mundo y de la vida se centran en la convicción de que el universo está para hacernos bien, en lugar de para hacernos mal o causarnos dolor.

Al igual que otras personas, el pensador positivo puede experimentar angustias o enfrentar desastres, pero puede sobrellevarlos porque cree que la vida y la naturaleza están construidas sobre la bondad. A pesar de la prevalencia de la injusticia, el aparente predominio de la hostilidad, la rotura de todo y la propia falta de humanidad, su convicción sigue siendo que al final triunfará la buena voluntad. Esto es porque cree en un Rector Supremo que controla todas las cosas. Este Rector Supremo resolverá todos los problemas y traerá la felicidad a este mundo en el momento adecuado.

El pensador positivo es permanentemente optimista.Su visión afirmativa y de esperanza no es algo momentáneo.No es algo que se le aplique sólo a algunas situaciones, ni que dependa de su estado de ánimo.Es algo que impregna todo su ser.Se manifiesta en sus actividades y relaciones, tanto ordinarias como extraordinarias.

El pensamiento positivo es una cultura personal.Aunque el pensador positivo es tan humano como cualquier otro, su creencia en la supremacía de la bondad impregna todo su ser.Tiene altibajos como todo el mundo, pero su optimismo y su actitud positiva le sirven a la vez como escudo y como mecanismo de apoyo y de reparación.Lo levantan rápidamente cuando sufre una caída.No vive en un mundo de fantasía donde nunca pasa nada malo, pero cuando algo funciona mal su perspectiva general sobre el amor y sobre la vida restauran su equilibrio.

Esto debido a que es una cultura en sí mismo, que la lleva incorporada dentro de sí. Su firme convicción y su esperanza en la victoria y en la superioridad de la bondad funcionan como un trampolín en sus decisiones. Casi que nada puede aplastarlo ni derribarlo. Tiene una saludable percepción de lo que es el dolor y de lo que es el placer. Por eso el dicho, *la esperanza es eterna*, es la fuerza que mueve su vida.

No hay un momento sin valor en la vida de un pensador positivo. Su creencia en el predominio del bien no es sólo algo que espera que suceda al final. La actitud que tiene siempre logra que esa expectativa ocurra realmente. Y como vive cada día con esa visión, no necesita esperar hasta el final del túnel para ver la luz. Puede decirse con seguridad que el pensador positivo es el hacedor de su propio éxito y de su felicidad.

Capítulo 2: Los Beneficios del Pensamiento Positivo

Beneficios Físicos

En su artículo, "El poder del Pensamiento y Actitud Positivos", Remez Sassondescribe el impacto, los efectos y los beneficios que este punto de vista tiene en todos los aspectos dela vida humana.puesto queel pensador positivo se mueve en un ambiente que generalmente es agradable y de afirmación, goza de un alto nivel de energía y de entusiasmo. Está mucho más cerca de la buena salud de lo que puede estar un pensador negativo o pesimista.*Una mente sana en un cuerpo sano* es otro sabio dicho que se le aplica.

Le encanta comer bien, pero con moderación.Su actitud positiva le impide irse a los extremos físicos.Equilibra la actividad con el descanso.Conoce sus límites y no se excede en nada.Ama el aire libre,así como también disfruta de los compromisos tranquilos bajo techo, como la lectura y la contemplación.

El pensador positivo también puede

lesionarse o enfermarse, pero se cura más rápido de lo que lo hace un pensador negativo. Según publica la edición de agosto de 2015 de la Revista de la Asociación Médica Canadiense, los resultados de 16 estudios realizados durante un período de 30 años demuestran que los pacientes que sufrían de una variada gama de condiciones médicas tenían más probabilidades de recuperarse rápidamente de sus enfermedades si confiaban que les iría bien en su recuperación.En contraste, los pacientes que abrigaban dudas sobre su recuperación no se curaban tan rápido.

Un pensador positivo coopera con su médico.Como resultado, goza de mejor salud y mayor longevidad.Por otra parte, parece más joven y más vivo que un pensador negativo.

Otro dicho, *mente sobre materia*, se aplica al pensador positivo.La ciencia tiene evidencia indiscutible que comprueba la influencia de la mente sobre la salud corporal.El pensador positivo es más resistente a las lesiones y a la enfermedad que un pensador negativo.

Un pensador positivo conoce y sigue las reglas de la salud sobre la nutrición, el ejercicio, el sueño adecuado y la correcta higiene.Un pensador negativo, en comparación, ignora o viola estas reglas.

Beneficios Sociales

Su franqueza y su simpatía atraen a todos.Le encanta conocer más y más gente.Está involucrado en muchas causas valiosas en su comunidad.Asiste a las fiestas y reuniones de su comunidad (y a las de la iglesia o al servicio si pertenece a algún grupo religioso). Es un placer conocerlo.

Como consecuencia, hace un montón de amigos. Si es estudiante, su perspectiva le permite aprender mejor. En el trabajo, logra más debido a lo abierto que es. Sus superiores y sus compañeros de trabajo lo apoyan por su actitud positiva hacia el trabajo. Esto inevitablemente conduce al éxito.

Beneficios Emocionales y Psicológicos

El pensador positivo es capaz de manejar situaciones estresantes en forma efectiva.Su perspectiva personal le impide de entrada que muchas de ellas le afecten.Cuando ocurre una crisis real, busca una solución en lugar deangustiarse. Y cuando la situación no se puede resolver, la acepta en forma madura sin lamentarse y sin buscar a quien culpar.

El pensador positivo es una personalidad *contagiosa* que transmite su optimismo a otros, especialmente a quienes están abiertos a aceptarlo. En una situación difícil el pensador positivo es la solución. Ve más allá de los tropiezos o de las caídas y más bien eleva la moral de los involucrados. Él cree que la mayoría de los problemas pueden resolverse.

Beneficios Intelectuales y Mentales

El aprendizaje es más fácil si la actitud es positiva y favorece el aprendizaje. La mente del pensador positivo está así sintonizada en forma precisa con la adquisición de nuevos conocimientos. Además, también se emociona con nuevas interpretaciones o adiciones a lo que ya ha aprendido. El pensador negativo, en cambio, es renuente o no está interesado en cambiar sus puntos de vista.

Con todos esos beneficios, queda claro que convertirse en un pensador positivo es un curso de acción mucho más valioso. Pero, ¿qué debe hacer uno exactamente para eso? Los capítulos siguientes describen en detalle 10 pasos sencillos para lograr éxito duradero y felicidad como resultado del pensamiento positivo.

Capítulo 3—Paso 1: Planeación de Vida con una VisiónPositiva

Antes de empezar, sería prudente enfocarnos primero en a dónde quiere llegar con esto.¿Qué resultado desea lograr con estas acciones?

Por supuesto, la idea es convertirse en alguien con pensamiento positivo, pero ¿Por qué desea tener pensamiento positivo?¿A dónde lo llevará esto en su vida? ¿Cómo se beneficiará, junto con las personas a su alrededor, con este cambio que viene en su vida?

Esta reflexión debe hacérsela primero para desarrollar la motivación que se requiere para recorrer los siguientes 9 pasos con el rigor que se necesita para tener éxito.

Pasos de Acción

Anote en un papel las siguientes 6 categorías:Salud física, Salud Emocional, Familia y Amigos, Carrera, Finanzas Personales y Fe.

Haga un inventario personal de dónde creeque se encuentra en cada una de estas categorías.¿Qué lo hace feliz en cada una de ellas,y con qué no lo está?

Ahora, decida para cada una de ellas qué resultado desea para cada.Escriba los resultados que desearía tener para cada una dentro de 10 años, otros en 5 años y otros dentro de un año (largo, mediano y corto plazo).Tenga en cuenta que las limitaciones que se ponga a sí mismo no solo no son reales necesariamente, sino que son solo limitaciones que usted ha decidido imponerse.

Independientemente de lo que haya escrito, tiene que saber que el pensamiento positivo lo llevará allá.

Reflexión

¿Por qué usamos la palabra "resultados" en lugar de hablar de "metas"?Estoes porque no importa quépase, usted siempre va a tener un resultado, sea este positivo o negativo.

Cuando decidamos cuáles serán nuestros resultados, todo se vuelve de repente más claro, ya que el conocer los resultados para cada una de las 6 categorías le ayudará a enfocar su mente en lo que son sus objetivos.

Capítulo 4— Paso 2: Lleve a Cabo un Inventario Personal

Lleve a cabo un muy sincero inventario personal de sus pensamientos, de sus emociones y de las cosas que le son importantes.

No se desanime, ni se aburra, ni se retrase, ni vaya demasiado poco a poco, Fíjese que su éxito y su felicidad están en juego.Mantenga su mente enfocada en los muchos beneficios que podrá disfrutar si consigue sus objetivos.

Este primer paso requiere su completa atención y cooperación. Necesita asegurarse de que todo vaya avanzando de acuerdo con sus propósitos.

Pasos de Acción

Elija un sitio a solas y el momento adecuado para hacer este auto examen sin distracciones.Puede utilizar un cuaderno para hacer una lista de los datos sobre sí mismo.

En una columnahaga una lista de lo que honradamente cree que son sus rasgos positivos o sus pensamientos habituales.En otra liste los negativos.Para mayor simplicidad use palabras clave. Coloque bajo la misma categoría las características o pensamientos que sean similares.

Ejemplos de rasgos positivos son la amistad, la amabilidad, la generosidad, la honestidad y la eficiencia.Ejemplos de rasgos negativos son el egoísmo, la pereza, la falta de respeto, la mentira y la deshonestidad.Los pensamientos proceden de los rasgos de cada persona.Este ejercicio intentará convertira positivos los pensamientos y rasgos negativos.

Reflexión

El cambio de perspectiva o de forma de pensar requiere ante todo conocerse uno a sí mismo tanto como sea posible.Reconocer sus fortalezas y debilidades honesta y objetivamente.No hay que completar el inventario personal de una sola sentada. Su deseo de tener éxito y de ser feliz lo inspirará a llevar a cabo este paso, incluso si al principio le resulta difícil.

Capítulo 5 — Paso 3: Determine las Causas

La calidad de su vida es la calidad de las preguntas que se hace.Para los pasos 3 y 4, estamos haciendo la pregunta "¿Por qué?".Concretamente nos preguntamos "¿Por qué estos rasgos negativos forman parte de lo que soy en este momento?"Al hacer estas preguntas, comenzaremos a ver cuáles son las verdaderas razones de estas características.Una vez que hayamos descubierto estas razones, podremos aprender cómo corregirlas.

Los pensamientos y rasgos negativos se reemplazarán eventualmente con sus equivalentes positivos.La confianza en sí mismo reemplazará a la timidez.La amistad reemplazará a la hostilidad.La confianza reemplazará a la desconfianza.Tiene que rastrear estas causas y colocarlas en su listado.

Si es tímido, puede ser que esté demasiado consciente de su falta de talento.Puede haber sufrido decepciones o rechazos en el pasado.Si desconfía de otros, es probable que sea porque alguien importante en algún momento lo convenció de algo que luego supo no era cierto.Si con frecuencia se muestra irritable o pendenciero, talvez es porque se siente inseguro o a la defensiva acerca de algo en usted mismo.

Si tiende a criticar a otros en privado o en público talvez tenga un mal concepto de sí mismo.Talvez el menospreciar a otros lo hace sentirse más grande.Si es agresivo, podría significar que sufre de una sensación de impotencia.Si es vulgar en su manera de hablar o en su apariencia, talvez le falte respetarse más a sí mismo.

La sustitución de pensamientos negativos por positivos es similar a un diagnóstico médico.Necesita encontrar primero la causa del problema, Luego podrá descubrir el remedio para la condición problemática.

Pasos de Acción

Después que en el punto anterior haya hecho una lista de sus rasgos o pensamientos negativos junto con los positivos, haga un esfuerzo para determinar las verdaderas razones por las que continúa albergando estos rasgos o pensamientos negativos.Mire hacia atrás en su vida y busqueexperiencias que hayan causado el que en este momento tenga este tipo de pensamientos.Pregúntese a sí mismo si es necesario que siga manteniendo el dolor y la humillación que estas experiencias pudieron haberle causado, o si por el contrario debe dejarlas atrás definitivamente, manteniendo en su corazónsolas lecciones valiosas que pudo haber aprendido de ellas.

Reflexión

El único remedio eficaz para un defecto es la detección de su causa.Sólo entonces puede aplicarse o encontrarse la cura.Los médicos están especialmente entrenados para hacer diagnósticos y prescribir curaciones.En este caso, usted es su propio psicólogo.Si es lo suficientemente honesto, poddrá descubrir sus propios problemas.

No es ni fácil ni agradable mirar dentro de nosotros mismos y buscar nuestras debilidades.A menudo esto nos hace perder autoestima.Pero con auto-honradez, humildad y con un deseo real de mejoramiento, puede hacerlo como si fuera un experto.

Capítulo 6 — Paso 4: Su Participación

Ninguna emoción ni pensamiento negativos pueden entrar en su mente y afectarlo, si usted no lo permite.Sin embargo, desafortunadamente la mayoría de las personas son muy sensibles a las sugerencias.Nos hemos acostumbrado todos a buscar la aprobación de otras personas.Lo que ellos nos dicen influye mucho en cómo nos vemos a nosotros mismos, incluso si no es cierto lo que piensande nosotros.

Por esta razón muchas personas hacen todo lo posible para obtener la aprobación de los demás.Una palmadita en la espalda y una inclinación de cabeza son herramientas muy eficaces que nos pueden ensalzar o nos pueden rebajar.Por eso es trágico que sean otrosquienes finalmente decidan qué y cómo debemos ser o cómo debemos comportarnos.Lo que esincluso aún más trágico es que dejemos que ellos nos impongan sus opiniones.

Usted de hecho es un participante activo en la formación de sus rasgos y pensamientos negativos.La gente puede llegar hasta a sugerirle conductas pero usted es quien decide qué va a hacer con esas sugerencias.Usted *puede* decidir rechazar esas sugerencias negativas.Usted *puede* tomar la decisión de sentirse positivo sobre sí mismo.

La razón última por la cual usted tiene pensamientos y actitudes negativos es porque no ha caído en cuenta de quepuede de verdad controlar lo que entra en su mente.Las demás personas no tienen poder sobre susdecisiones.Usted es la única persona que toma decisiones en su mundo interior.En último término y dicho con toda claridad, usted es quien decide ser infeliz y fracasado.

Pasos de Acción

Después de que tome nota de sus rasgos o pensamientos negativos, así como de las experiencias de vida que inicialmente lo llevaron a tenerlos, se dará cuenta que todos ellos tienen algo en común—permanecen anclados en su memoria hasta hoy porque usted lo ha *permitido*.Esto no debe causarle ninguna sorpresa. La forma como otras personas lo ven—sea que tengan o no razón en su apreciación—ha contribuido con el que sus pensamientos negativos se dieran o sucedieran. O sea, es usted quien ha permitidoque las opiniones de otros lo hayan influenciado y que esto haya afectado su propia visión de sí mismo.

Haga su mejor esfuerzo para averiguar qué es lo que lleva a otras personas a decir esas cosas acerca de usted, así como por qué está permitiendo que las opiniones de ellos afecten la forma comovive su vida.¿Está buscando su aprobación?¿Quiere pertenecer a un grupo específico?o ¿Simplemente desea que los otros no lo señalen como alguien a quien puedan ridiculizar?Sea lo que sea, debería saber que lo que los otros piensen de usted no debe determinar su felicidad.Pero antes de trabajar en ser más asertivo y en evitar que otros dicten sus acciones, primero tiene que saber cuáles son exactamente los puntos de vista limitantes que otros tienen de usted, puntos de vista que usted ha permitido que todo este tiempo influyan en sus pensamientos y en sus acciones.

Reflexión

Hemos sido educados con el convencimiento de que agradar a otros es lo que nos hace "buenos". La aprobación social ha sido el estándar tradicional para la aceptación. Sin embargo, los tiempos han cambiado. Las personas de ahora son de mente mucho más abierta, y ahora se imponen nuevas formas de pensamiento.

Una de esas nuevas formas de pensar es el pensamiento positivo. La gente de hoy está dispuesta a reconocer el derecho de los demás a convertirse en lo que cada uno quiera. Más y más personas son ahora cada vez más progresistas. Hay un mayor énfasis en la independencia. Es el privilegio de haber nacido en esta época.

Capítulo 7— Paso 5: Desconéctese

Ahora que ha descubierto o destapado las causas de sus pensamientos y rasgos negativos, puede decidirno volver a dejarse ganar por ellos.Sí, ¡*se puede*!

Recuerde que sus pensamientos son *SUS* pensamientos.Usted está en completo control de ellos, no importa qué tan fuertemente otras personas se los sugieran.

Si ha sido tímido toda su vida debido a un defecto o a alguna mala experiencia, puede dejar de alimentar la creencia de que ese defecto o ese suceso lo hacen ser menos.Recuerde que usted es el único que toma todas las decisiones dentro de sí mismo.Uno o unos pocos o muchos defectos o fracasos no tienen por qué hacerlo sentir menos.Puede que esa sea la opinión o el estándar de otras personas para juzgar esta situación, pero usted puede perfectamente rechazar esa norma.

La decisión de desconectarse de las sugerencias de otros será una gran victoria.Este es un factor importante en el desarrollo de una muy nueva forma de pensar positivamente sobre usted mismo.El pensamiento positivo le hará romper con la timidez y con otros rasgos negativos.Lo liberará para convertirlo en una persona nueva.

Siempre tenga en cuenta que la naturaleza humana resiste el cambio.Iniciar solo ese cambio requerirá de su parte disciplina y gran fuerza interior.Mantener el proceso requerirá incluso más energía y más disciplina.La determinación es la virtud de unos pocos, pero también es el ingrediente básico del éxito y de la liberación de las garras del pensamiento negativo.

El primer sabor del éxito lo va a entusiasmar, pero también puede hacerlo retroceder.Es tan difícil como escalar una montaña, cuanto más alto vaya, mayor será el esfuerzo.Un resbalón o una caída pueden incluso desanimarlo.Pueden hacer que sienta que sus esfuerzos son inútiles.Pero recuerde que no se llega a la cima de una montaña dando solo unos pocos pasos.

La sustitución de pensamientos positivos en lugar de los pensamientos negativos es como escalar una montaña.Va a ir contra la fuerza de la gravedad que es la resistencia natural al cambio.Sólo el valor y la determinación le permitirán llegar a la cima.Lo mismo ocurre con el logro de un patrón de pensamiento y actitud positivos.

Pasos de Acción

El darse cuenta de lo que opinan otras personas sobre usted y de cómo ellos creen que usteddebe actuar, le va a ayudar a por lo menos darse cuenta de que hay otras maneras más positivas y más eficaces de motivarse a sí mismo.Comience de entrada dándose cuenta que lo que las demás personas creen que es bueno para usted no es necesariamente lo que lo va a hacer avanzar en su vida.Además, ellos no estánallí para beneficiarlo —excepto, si acaso, para dibujar una sonrisa de satisfacción si logran que ustedactúe como ellos quieren.Obviamente, no debería darles esa satisfacción.

Después de que hayacaído encuenta de que puede escoger ponerle fin a sus pensamientos negativos, podría tener dificultad para decidirpor dónde empezar.

¿Recuerda el inventario personal que llevó a cabo antes?Paséese por todos los rasgos o pensamientos positivos que ha escrito y defina cuál de ellos podría servirle como punto de partida ideal para su viaje hacia que sus pensamientos positivos se conviertan en un hábito diario.

Por ejemplo, si puso la amistad como uno de sus rasgos positivos, podría decidirse por actividades donde pueda practicar el desarrollo de este rasgo, como por ejemplo hacer trabajos voluntarios en su tiempo libre.Siempre y cuando su verdadero objetivo seaayudar a otras personas o hacer nuevos amigos y no simplemente buscar la aprobación de otros, le será más fácil convertir la amabilidaden un hábito.Y como al ser amigable va a convertir en un hábito eltratar de infundir su positivismo a otras personas, en esta forma tambiénva a desarrollarel hábito del pensamiento positivo.

Independientemente de cual rasgo escoja

como su punto de partida, este ejercicio puede ayudarle a desarrollar el hábito del pensamiento positivo al enfocarse en sus fortalezas actuales.En pocas palabras, es mucho más fácil trabajar en lo que ya es bueno, en lugar de estrujarse el cerebro tratando de pensar en qué otra cosa puede serlo.

Después que haya solidificado y trabajado en este primer rasgo, ¡siga y continúe con el mismo método para todas las demás características!

Reflexión

La sociedad ideó una forma para asegurar la paz y el orden al infundiren las personas la necesidad de la aprobación social, pero la naturaleza fue demasiado lejos al configurarse ella misma como patrónde comportamiento.Todo mundo teme al rechazo social.Por lo tanto, las personas interiorizan las normas sociales como sus censores internos.Su carácter restrictivo y punitivo ha causado mucha infelicidad.

Aunque los prejuicios y los valores tradicionales son difíciles de erradicar, el pensamiento moderno los ha ido dejando a un ladopoco a poco.Hay cada vez más y más personas con las puede ahora uno gozar de su nueva transparencia.La tolerancia y la aceptación de las diferencias individuales se han ido convirtiendo en el orden del día.

Capítulo 8— Paso 6: La Naturaleza Humana y la Autocomprensión

Aunque no hay dos personalidades completamente iguales, la dinámica de la naturaleza humana es universal.Todos tenemos necesidades comunes.Todo mundo quiere sentirse importante a pesar de sus defectos.Todos queremos ser respetados.Queremos ser escuchados.

Nadie quiere quedarse fuera.Todos queremos tener éxito.Queremos gustarle a la gente al mismo tiempo que ser amados por lo que somos.El éxito nos hace completos e importantes.Nada nos complace más que el éxito.

El conocimiento de la naturaleza humana puede explicar por qué cierta gente se comporta en la forma como lo hacen.También le dirá por qué usted se comporta como lo hace.Por lo tanto, aprender sobre la naturaleza humana le ayudará a conocerse y a entenderse mejor a sí mismo.Le hará ver que no está solo en sus problemas.

Al mismo tiempo, el conocimiento de la

naturaleza humana le ayudará a entender a otros.Muchos de sus sentimientos y pensamientos negativos sobre esas personas se podrían disipar si los comprendiera.No sólo sería entonces capaz de superar sus pensamientos amargos sobre otras personas, sino que también podría ganárselos si ellos estuvieran dispuestos.

Pasos de Acción

A medida que identifica sus fortalezas y debilidades y practica continuamente los hábitos que lo llevan a pensar en positivo, tendrá una mejor comprensión de por qué las personas — incluido usted mismo— piensan y actúan en la forma como lo hacen.A medida que practica los hábitos que ha escogido que le ayudarán a convertirse en un pensador positivo, tome nota de las diferencias en sus pensamientos y en sus acciones.Compare quién es ahora con quién era antes cuando todavía tenía el hábito de los pensamientos negativos.A medida que recuerde las cosas que lo llevaron antes a adoptar pensamientos negativos, sabrá qué evitar en el futuro para nunca más caer en esa trampa.

Al mismo tiempo, a medida que evalúa los nuevos hábitos que lo llevan a pensar en positivo, puede más fácilmente identificar los cambios en su personalidad que le hanpermitido adoptar estos hábitos en forma efectiva.¿Qué cualidades o formas de pensar empezó a practicar que hicieron posibles estos cambios?¿A qué tuvo que renunciar para darles paso?Las respuestas a estas preguntas le servirán de guía para mantener su progreso en caso de que una vez más se encontrararetrocediendo o sin la motivación para seguir adelante.Lo que aprenda de este ejercicio puede también ayudarle a entender a la gente, incluso a aquellos que no se esfuerzan por hacer del pensamiento positivo una parte de su vida cotidiana.

Reflexión

En este caso el conocimiento se convierte en poder porque lo aplica a su situación particular.Otras personas tienen las mismas necesidades suyas.Cometen los mismos errores.Quieren ser tan felices y tan exitosos como usted.Tienen penas secretas y el mismo deseo suyo de superarse.

El saber por qué la gente se comporta en cierta forma le otorga control de sus pensamientos y actitudes negativos.Es poder real —¡sobre usted mismo!Y su comportamiento cambiará a medida que su pensamiento y actitud cambien de negativo a positivo.

Capítulo 9 — Paso 7: Descubra y Comprenda sus Propias Necesidades Emocionales

Le guste o no, sus sentimientos lo gobiernan mucho más de lo que lo hace su mente.No es el intelecto quien toma la mayoría de sus decisiones, sino lo que usted siente. El cambiar su modo de pensar de negativo a positivo significa fijarse más en cuáles son sus emociones.Podría ser que tenga una necesidad profunda de atención, de aprobación, de perdón o de respeto.

El problema con la mayoría de la gente es que niegan sus más profundas heridas y necesidades emocionales.Estas heridas podrían ser respuestas "olvidadas"a alguna experiencia remota.Puede ser muy doloroso reconocerlas, pues están enterradas profundamente en la mente inconsciente, allá en donde hemos depositado nuestra basura mental.Sin embargo, como no han sido enfrentadas ni resueltas, vuelven y vuelven para atormentarlo y controlarlo.

Ninguna experiencia pasada ha sido realmente olvidada.Siendo humanos, uno juzga todo y a todos basado en sus sentimientos y no en su intelecto o en su razón.Y puesto que no todo el mundo conoce o entiende cómo las heridas pueden dañar la autoestima, ¡imagínese cuantas experiencias desafortunadas están profundamente enterradas en el subconsciente!

Por lo tanto, no es de extrañar por qué muchas personas son pensadores negativos.Las heridas no resueltas claman pidiendo una curación.Gritan de diferentes formas pidiendo ser sanadas, sobre todo en forma de mecanismos de defensa.Usted puede inconscientemente mostrar su inquietud como un pensamiento negativo.Otros que creen que pensadorespositivos,en realidad solo están usando este enfoque para manejar sus problemas.

Todos tenemos hambre de mostrarnuestra mente y nuestro corazón, pero como se mencionó anteriormente, las tercas y tradicionales normas sociales nos inhiben y nos prohíben expresarnos.La gente da su visto bueno de aprobación al niño o la persona que los complace, mientras quea quien es sincero se le considera un rebelde.

Sin embargo, su deseo de hablar y de ser usted mismo a menudo se desvía de las reglas.Además, la naturaleza humana por sí sola le obligará a mostrarse como es.Al igual que los ríos, la naturaleza siempre tratará de nivelarse.El malestar de la irritabilidad, de la desilusión, de la ira, del miedo o de la hostilidad le molestarán hasta tanto sean expresados y resueltos.El ocultar o tergiversar lo que en realidad siente sólo empeorará las cosas.

Los sentimientos son respuestas a situaciones. La naturaleza se los ha dado para protegerlo de daños.Son por lo tanto naturalmente buenos.Su objetivo es el instinto de conservación.Sólo pueden ser inaceptables si son expresados o realizados enformas perjudiciales o ilegales.

Pasos de Acción

El paso anterior mostró cómo la mejor autocomprensión conduce a una mayor conciencia de sus cualidades ganadoras que a su vez conducen al pensamiento positivo.Otra consecuencia directa es que esto lo hará más consciente de lo que hay en su corazón, así comotambién de lo que realmente quiere lograr como individuo.

Con cada pensamiento o cada acción que le venga a la mente, forme el hábito de preguntarse:"¿El llevar a cabo esta acción o abrigar este pensamiento me va a ayudar realmente allegar a donde tengo que estar?"Para conocer la respuesta a esta pregunta tendría que ir muy profundo dentro de sí mismo y evaluar sus sentimientos, sus deseos más grandes, así como sus heridas más dolorosas.Tome conciencia de ellos y haga un esfuerzo consciente para manejarlos, en lugar de simplemente relegarlos a los rincones de su mente.

Recuerde que el pensamiento positivo implica también reconocer cómo es su verdadero ser.No se puede tener una actitud positiva ante la vida si sabe que allá dentro en su corazónse está negando a sí mismo la libertad de expresar cómo se siente realmente y la oportunidad de aliviar o de deshacerse totalmente de su dolor.

Reflexión

Los seres humanos somos más de sentimientos que de pensamientos. En realidad, sentimos más de lo que pensamos. Los sentimientos nos llevan a hacer cosas que de otra forma nuestras propias mentes no aprobarían, pero esto es lo que es la naturaleza humana.Sin embargo, los sentimientos están allí para protegernos, no para hacernos pasar un mal rato.

Entender sus propios sentimientos le impedirá canalizarlos de forma perjudicial o poco realista.Por esta razón el gran filósofo decía que la primera virtud es el conocimiento de sí mismo.No puede imponerse pensamientos positivos sobre sí mismo para cubrir sentimientos desagradables.Absténgase de condenarse a sí mismo.

Capítulo 10 — Paso 8: Fuentes de Apoyo

Para reemplazar patrones de pensamiento y de actitud negativos por positivos, va a necesitar expertos o personas que hayan tenido éxito en esta tarea.Pueden ser su consejero, su pastor, un psicólogo, un profesor experto o una persona mayor y más sabia.El almacén de conocimiento y de experienciasque ellos tienen y su conocimiento de las emociones humanas son un verdadero tesoro.

También puede leer más libros sobre el tema o asistir a reuniones o conferencias.

En internet hay muchas fuentes autorizadas sobre esto, pero tenga cuidado y no crea toda la información que encuentre en línea.Sopese lo que le dicen y revise cómo le aplica.

Los consejeros y otros expertos en salud mental serán las fuentes más objetivas de ayuda y de inspiración.Incluso, un amigo viejo y conocedor o su pastor pueden contribuir con valiosas aportaciones, ya que conocen mejor su situación.Trate de combinar los consejos que recibe de diferentes fuentes.

Los pastores naturalmente relacionarán sus tendencias negativas con principios espirituales.Los profesionales de la salud mental harán hincapié en el aspecto científico.Su viejo amigo será muy subjetivo al dar consejos.Cada uno tendrá su propio valor.

Pasos de Acción

En su viaje para convertirse en pensador positivo, buena parte de entenderse a sí mismo y a sus sentimientos (como se explica en el paso anterior) consiste en reconocer que todavía hay áreas donde podría encontrar dificultades.Estas dificultades podrían hacerle retroceder temporalmente o incluso recaer totalmente hacialos pensamientos negativos que tenía (como se explica en el paso 5), pero esto no debería detenerlo en la continuación de su viaje.Ya ha logrado una ventaja considerable hasta este punto,así que ¿por qué parar ahora?

Nadie le dijo sin embargo que tiene que recorrer este camino solo.Afortunadamente, hay personas con las que puede hablar y preguntarles sobre las emociones humanas y cómo desarrollar el hábito del pensamiento positivo.Busque en la guía de teléfonos o en internet.Consiga una cita con el consejero de su universidad.Puede hablar con el pastor de su iglesia después de un servicio.Los profesionales de la salud mental pueden estar disponibles en sus oficinas previa cita.Y en cuanto a su viejo y sabio amigo bastarácon hacerle una llamada telefónica.

Todas las consultas anterioresdeberían ser confidenciales.Sea tan directo, claro y amable como le sea posible.Necesita ayuda para deshacerse de lo que se le atraviesa en el camino para convertirse en un pensador positivo.Hágales saber esto.

Puede que desee acercarse a sus padres si cree que puedan entenderlo, pero hay ocasiones en que precisamente ellos son la causa de sus rasgos negativos.Es mejor que consulte con alguien que sea más objetivo.

No dude en consultar a otros si tiene alguna duda sobre lo que piensa o lo que ha leído.Pida aclaraciones y mayor información.Se sorprenderá y sentirá mucho alivio al saber que su situación no es única.Cuando comience a entenderse a sí mismo, está en el camino correcto para controlar su vida.

Reflexión

Como dice el refrán muchas personas han estado allí y han hecho esto. Estas personas pueden ser sus fuentes importantes de inspiración y de guía.Averigüe cómo ganaron ellos sus respectivas batallas.Descubra sus dificultades y sus fortalezas.Los grandes hombres son grandes no porque hayan nacido grandes; llegaron a serlo porque ganaron grandes batallas.

Igualmente, ellos serán fuente de fortalezacuandocaiga una y otra vez.Muchas de las batallas no se ganan de una sola vez, y usted no es una persona menos valiosa solo porque falle y vuelva a fallar de nuevo.Lo importante es que uno se levante después de cada caída.

No tema al fracaso ni a las decepciones.Siempre acompañarán a toda empresa y a toda lucha.Fije la vista en su meta de éxito y de felicidad.Cambie su actitud sobre las decepciones y sobre los fracasos.Nadie lo hará por usted excepto usted mismo.

También recuerde que sólo usted puede ponerle límites a sus sueños.Como se mencionó anteriormente, usted es la única persona que toma decisiones en su universo.Puede limitar o rechazar lo que otros digan o piensen de usted.Su persona es su reino.

Capítulo 11 — Paso 9: La Regla de Oro

La actitud y el pensamiento positivos se fundamentan en lo que es cierto y en lo que es correcto; este el significado real de la palabra "positivo".Muchas personas creen que si no ofenden a nadie, si están siempre sonrientes y son agradables y hacen favores, yaesto los convierte en pensadores positivos.Esto se aplica solamente si está basado en un fundamento moral.

Ser agradable no es lo mismo ni es un sustituto a ser correcto.Muchas vecespara producir un buen efecto uno debe ser desagradable.Siempre se aplica la regla de oro:"Haga a los demás lo que le gustaría que ellos le hicieran."Por lo tanto, su comportamiento es su guía segura en cuanto a la forma en que desea que otros se comporten hacia usted.

No necesita ser demasiado religioso para ser verdaderamente positivo. Sin embargo, muchos textos religiosos de las principales religiones del mundo revelan que la religión es una guía segura para ser verazy auténtico. Y cuando se es veraz, se está en el camino correcto para convertirse en *verdaderamente* positivo. Se convierte uno en una verdadera fuerza de bien para sí mismo y para los demás.

Pasos de Acción

En este paso no hay acciones específicas a realizar, fuera de ser auténtico y honesto en sus tratos y dejar que esto en sí mismo se convierta en un hábito.Cuando se haya esforzado constantemente en mantener la verdad incluso en las acciones más simples, le resultará más fácil ver las cosas como realmente son y distinguirlas como lo que son.En comparación, exprimirse elcerebro tratando de pensar enlo que le encantaría oíra otras personas se convierte en algo cada vez más difícil, haciendo que con el tiempo sea para ustedcada vez menos factible como curso de acción.

Reflexión

Para alcanzar el éxito o la felicidad su enfoque o su objetivo no tiene por quéser la perfección.Comience con la verdad y acéptela.Podría ser desagradable, pero todo depende de su actitud.Puede cambiar esa actitud en este preciso momento.

Usted se puede convertirse en un pensador verdaderamente positivo sólo con bases veraces y apropiadas. Ser agradable no es un sustituto. Comience por ser fiel a sí mismo y de manera positiva haga las correcciones necesarias a sus rasgos negativos. Entonces se encontrará en camino de convertirse en un pensador verdaderamente positivo.

Capítulo 12 — Paso 10: Influencie a Otros

Lo especial del pensamiento positivo es que es un hábito que todo mundo debería practicar, sea rico o pobre, educado o ignorante, seguidor de una religión o no afiliado en absoluto a ninguna, y así sucesivamente.Por lo tanto, tiene perfecto sentido enseñarle a la gente acerca de esto y animarlos a incorporarlo en su vida diaria, especialmente si sus hábitos de pensamiento negativo están causándoles todo tipo de problemas.

Una de las mejores maneras de enseñarle a la gente sobre el pensamiento positivo es practicarlo usted mismo.Debe aprovechar cada oportunidad para mostrarle a otros lo que el pensamiento positivo puede ayudarles a lograr.

Pasos de Acción

En este punto, ya habrá hecho del pensamiento positivo un hábito diario.Habrá tomado en serio todo lo que ha aprendido y como resultado le será ya fácil.El siguiente paso es utilizar sus interacciones diarias con otras personas para mostrarles cómo hacerlo.

Cuando hable, debe ser un agente de la verdad, de la honestidad y de la objetividad.Cuando exprese sus puntos de vista debería darle a los demás la oportunidad de expresar también los suyos.Al tratar con personas o situaciones difíciles, debería esforzarse por pensar en posibles soluciones en lugar de pasearse por los inconvenientes que enfrenta.Y cuando haya comenzado un buen hábito, sigapracticándolo para que todos puedan ver lo que podrían lograr a través de la consistencia.

Reflexión

Enseñarle a la gente conceptos abstractos puede hacerlos avanzar, pero solo hasta cierto punto.Tiene que estar dispuesto a enseñarles lo que necesitan sabera través de su ejemplo personal.Al hacerlo, también desarrollarásupropio hábito de pensamiento positivo, y así se beneficiará con este ejercicio.

Conclusión

Este libro trata sobre el poder que puede derivarse del conocimiento.Uno de estos conocimientos es la *actitud* y *perspectiva* del *pensamiento positivo*.No se puede lograr de la noche a la mañana y sin esfuerzo, pero al mismo tiempo es también la única forma segura para el desarrollo de las posibilidades de éxito, de paz y de felicidad.
Este libro también diferencia un pensador positivo de uno negativo.Enumera y describe los muchos beneficios del pensamiento positivo y de una actitud positiva hacia uno mismo, hacia otras personas y hacia la vida misma.El primer efecto en una persona que quiera desarrollar el pensamiento positivo es una mayor sensación de bienestar.Las restricciones a su visión de la vida se eliminan o se reducen y en conjunto se siente mejor.En otras palabras, su salud física y mental son los primeros en experimentar los buenos efectos de cambiar su pensamiento y su patrón de

sentimientos.

También hay pautas, recordatorios y una lista de otras motivaciones para que el lector obtenga más de sí mismo, se dé cuenta de su potencial y eleve el nivel de éxito de su vida.Y también se sugiere un plan de vida en los siguientes capítulos.Se trata de medidas concretas para lograr el objetivo.

Hemos hecho esfuerzos modestos para presentar estos 10 pasos de la manera más legible y realista posible.También lo hicimos usando el lenguaje de la mayoría de nuestros lectores.Sobre todo, hemos diseñado las medidas para su beneficio efectivo y duradero.

El derecho a la vida, a la libertad y a la búsqueda de la felicidad están consagrados en la Constitución de los Estados Unidos y en las constituciones de otros países.Esto porque la vida, la libertad y la felicidad son las razones de la existencia.Una vida feliz es una vida exitosa y ninguna vida puede ser exitosa o feliz a menos que la persona viva según las leyes positivas.Las leyes positivas, a su vez, se construyen solo con base en la verdad.Así que quien busca el éxito y la felicidad es necesariamente un buscador de la verdad y todo lo demás le viene de allí.Entre las muchas cosas que de allí se derivan están una perspectiva sana y positiva y la actitud hacia uno mismo, hacia los seres humanos y hacia la vida en general.

¡De nuevo gracias por bajar este libro!

Espero que la información contenida en este libro haya podido ayudarle a encontrar su propósito y a cada díaalcanzar la felicidad a través del poder del pensamiento positivo, ¡como lo ha hecho con mi vida!¡El siguiente paso es tomar acción!Todos los díasdebe aplicar lo que ha aprendido aquí.

¡Gracias y buena suerte!

Parte 2

Introducción – Qué es el Pensamiento Positivo y la Historia de esta Filosofía

Ante todo, quiero agradecerle y felicitarle por haber descargado el libro.

Este libro contiene pasos y estrategias comprobados sobre cómo aprovechar el poder del pensamiento positivo para hacer su vida más plena, más feliz ymás consciente de todo lo que sucede dentro de usted y a su alrededor.

¿Qué es el Pensamiento Positivo?

El pensamiento positivo es el estado mental de un individuo que espera buenos resultados y que siempre se enfoca en el lado luminosode la vida.Esto de ninguna manera significa exceso de confianza o arrogancia.Solamente quiere decir que es una persona que piensa positivamente y que está dispuesta a trabajar duro y a superar las dificultades y obstáculos de la vida, yque anticipa resultados positivos como felicidad, éxito y buena salud.

Este tipo de actitud no es aceptado por todo mundo.Muchos se burlan de estas ideas, las llaman poco científicas y consideran que solo porque uno piensa positivamente no quiere decir que va a obtener buenos resultados.A pesar de esto, con el aumento del estrés asociado a la vida moderna, hay muchas personas que ahora están adoptando esta filosofía y están teniendo fe en la eficacia de esta actitud.

Permítame darle un pequeño ejemplo ilustrativo de cómo el pensar positivo nos afecta.Supongamos que James solicitó un trabajo y tenía que asistir a una entrevista en un par de días.A pesar de que sabe que está calificado y es un buen trabajador, él no cree que sea suficientemente bueno para hacer el trabajo.Su autoestima está golpeada y comienza a verse a sí mismo como un fracasado, y piensa que no merece tener éxito.

Ocupa su mente produciendo pensamientos negativos y cree que los demás candidatos son mucho mejores que él, y que por lo tanto no tiene posibilidades de obtener el trabajo.Estos pensamientos negativos lo roen por dentro los días previos a la entrevista.Lo que en realidad James está haciendo es anticipando su fracaso.

¿Qué sucede el día de la entrevista? Se levanta tarde pues en su mente ya ha descartado la entrevista. Encuentra sucia la camisa que quería llevary desesperadamente busca una camisa mejor. En su prisa y con un estado de ánimo de preocupación no encuentra nada adecuado que ponerse. Se pone lo primero que encuentra y como resultado llega mal vestido a la entrevista.

De hecho, su ropa descuidada es fiel reflejo de su actitud negativa. Y para agregar a los niveles de estrés, no ha desayunado ya que se le hizo tarde para la entrevista. Durante la entrevista su confianza está por el suelo entre las protestas de su estómago vacío y suapariencia desarreglada. Se ve tenso y hay líneas de preocupación claramente visibles en su cara y en todo lo que hace.

Todas estas circunstancias llevan a una entrevista que es muy desastrosa para James. No es que él no sepa las respuestas a las preguntas que le hace el entrevistador. Es que su mente está en tal agitación que ¡apenas puede articular bien sus pensamientos!

Lo que el entrevistador percibe es una persona más bien mal vestida, que no está segura que podrá tomar a su cargo las responsabilidades del trabajo.Por supuesto, James no consigue el trabajo ¡tal y como él mismo lo había anticipado!

Ahora tomemos el ejemplo de Jack que solicita el mismo trabajo. Está seguro de sus habilidades, talentos y conocimientos en el campo.Es positivo en cuanto a que tendría una buena oportunidad de conseguir el trabajo si trabaja duro para perfeccionar sus habilidades.Los días antes de la entrevista repasasus conocimientos.Practica la entrevista con un amigo, anticipa retos y se prepara para enfrentarlos sin temor.Él se visualiza a sí mismo hablando con confianza, respondiendo preguntas sin miedo y se ve saliendo de la entrevista con una carta de oferta de trabajo.Anticipa buenos resultados.

El día antes de la entrevista preparó su ropa y accesorios, incluyendo la corbata, zapatos y calcetines.Se aseguró de tener listos sus documentos de calificaciones y referencias, cuidadosa y limpiamente presentados en una carpeta.Cenó bien y se fue a dormir temprano.Se despertó en la mañana de la entrevista antes de lo habitual, se vistió sin prisa, tomó un desayuno completo y llegó con anticipación al lugar de la entrevista.

Durante la entrevista sus pensamientos positivos estuvieron en primer plano.Su preparación era obvia y se expresó con confianza.El entrevistador percibió a una persona segura y bien cuidada, lista para asumir las responsabilidades del trabajo.Jack consiguió el trabajo tal como él lo había anticipado.

Esto es cierto para cualquier persona. El pensamiento positivo aumenta la confianza y el pensamiento negativo debilita el espíritu.

Historia del Pensamiento Positivo

A lo largo de la historia de la humanidad, sabios y grandes autores han subrayado la importancia de tener pensamientos buenos y positivos.Esto es debido a que esos pensamientos tienen el poder de manifestarse sutilmente como acciones tangibles y de mucho peso.

En el siglo primero Epicteto dijo: "Lo que le preocupa a la gente no es lo que pasa, sino lo que creen que va a pasar".

Aunque la mayoría de las religiones consideran el pensamiento positivo como un aspecto importante, la psicología positiva moderna y el movimiento de pensamiento positivo comenzaron con el Movimiento del Pensamiento Nuevo, que se dio hacia fines del siglo XIX y principios del siglo XX.El movimiento se centró principalmente en Norteamérica.

Muchos filósofos y pensadores escribieron libros sobre el poder del pensamiento positivo desde una perspectiva secular sin asociarlo a ninguna orientación religiosa.Los artículos, ensayos y libros de varios autores durante el período del Movimiento del Pensamiento Nuevo popularizaron el concepto del pensamiento positivo. Algunos de los grandes pensadores involucrados fueron los siguientes:

***Ralph Waldo Emerson*—** Sus ensayos fueron quizás los primeros escritos conocidos que contribuyeron a este movimiento.Se centró en la idea de la autonomía y de tener pensamientos positivos para avanzar y tener éxito.Afirmó que nuestra percepción de la realidad tenía el poder de alterar la realidad.

***Orison Stewart Marden*—** Fundó y estableció una revista llamada "Success" (Éxito), escribió muchos libros sobre el poder del pensamiento positivo y fue un gran colaborador en el enriquecimiento de esta filosofía."Success" fue una revista líder de aquella época y todavíase publica bajo el nombre de "Success Unlimited" (Éxito Ilimitado).

***Ernest Holmes*—** Declaró que "los pensamientos son cosas" y se considera como uno de los padres del Movimiento del Pensamiento Nuevo.Comenzó una revista de pensamiento positivo titulada "Science of Mind" (Ciencia de la Mente) que aúnhoy se publica.

***Emile Coue*—**Fue un farmacéutico y es considerado un líder en elcampo de los libros de autoayuda.Estudió la autosugestión y el hipnotismo.Le pedía a sus pacientes repetir a diario y tantas veces como fuera posibleel siguiente mantra:"Todos los días estoy cada vez mejor y mejor en todos los sentidos".Incluso hoy en día esta frase es practicada por los seguidores de los filósofos del pensamiento positivo.

***William James*—** Fue un filósofo y autor de libros sobre psicología.Una vez dijo, "el mayor descubrimiento de mi generación es que el hombre puede cambiar su vida simplemente cambiando su actitud mental".

Dale Carnegie y Napoleón Hill también contribuyeron enormemente al movimiento de pensamiento positivo.

El Pensamiento Positivo en Nuestros Días

Hoy en día, las prácticas del pensamiento positivo se aplican a muchos campos, incluyendo el desarrollo de las ventas y de los negocios, los deportes, la salud, la educación infantil y muchos otros.Se utilizan como herramienta para motivar e inspirar, y se nota una gran diferencia en la forma como les mejoran las cosas a las personas que siguen el pensamiento positivo comparadas con las que no creen en sus casi mágicos efectos.

Capítulo 1: Consejos de Pensamiento Positivo para Mejorar la Calidad de Vida

Cuántos de nosotros allá afuera en el mundo estamos luchando con las penas de esta vida, que pueden ser la pérdida de un ser querido, las agonías relacionadas con las enfermedades, los dolores causadospor no lograr los deseos, la lista es interminable.Todos estamos atrapados en este torbellino de dolor y de agonía.A veces estamos tan desesperados que incluso muchos de nosotros experimentamos tendencias o pensamientos suicidas.

Los ejercicios de pensamiento positivo son un gran método para superar este tipo de dolores insoportables y para ayudarnos a gozar de una mejor calidad de vida. Practique todos los días estos ejercicios aparentemente pequeños hasta que se conviertan en un hábito profundamente arraigado en su ser.Utilicé intencionalmente el término "aparentemente" para recordarle que no debe ver estos ejercicios como pequeños; pueden ser grandes motivadores para que

pueda gozar de una mejor calidad de vida. He dividido los puntos en tres segmentos:
- Pensamiento positivo para la vida en general
- Pensamiento positivo para la vida profesional
- Pensamiento positivo para la vida personal

Pensamiento positivo para la vida en general

Emplee solamente palabras positivas—Si siempre está diciendo, "No puedo", llegará el día cuando realmente no podrá. Sin embargo, si todo el tiempo está diciendo, "Yo puedo", en ese caso no está muy lejos el día cuando realmente PUEDA. Motívese a esforzarse más en cada paso.

Elimine todos los pensamientos negativos de su mente— No permita que los sentimientos y pensamientos negativos lo agobien. Cada vez que ellos lo intenten, sáquelos de su sistema repitiendo, "Yo puedo". Puede comenzar haciéndolo un par de horas al día. Con la práctica paciente, este proceso de pensamiento se implantará en su psiquis.

***Emplee palabras que evoquen sentimientos de éxito y de fuerza*—** Llene su vocabulario con palabras que evoquen sentimientos de éxito y de fuerza.Las primeras palabras que busque su mente deben ser: fuerte, feliz, amor, cariño, fe y similares.

***Practique la afirmación positiva*—** Un ejercicio muy popular del pensamiento positivo es la afirmación positiva.Esto requiere que repita una frase positiva, algo así como un mantra, a principio todos los días y luego, con la práctica constante, su mente lo hará ella sola.La frase podría ser, "Soy digno de amor", o "Soy fuerte" o algo parecido.Elija un mantra que le aplique.

***Crea que tendrá éxito*—** Creer en sí mismo es el primer paso hacia el éxito.Cuando crea y piense que tendrá éxito, la realidad del éxito vendrá luego, más temprano que tarde.No se permita siquiera el beneficio de la duda y esté seguro de que va a alcanzar el éxito.

***Perdónese*—** No está solo en este mundo.Todo mundo comete errores y aprender de los errores y seguir adelante con su vida es un elemento clave para ser feliz.Debe aprender a perdonarse.Debe decirse a sí mismo que está perdonado y que es hora de avanzar en su vida.No ande cargando con el peso de la culpa.Esta carga no tiene ningún valor excepto hacer que su vida sea difícil e insoportable.

Por el contrario, si puede, haga correcciones a sus errores.Luego déjelos atrás y siga adelante.

Aprenda de los errores del pasado— Recuerde que no puede cambiar lo que hizo en el pasado.En cambio, aprenda del pasado y llene su mente con pensamientos positivos para el futuro.

Piense en los sucesos negativos como oportunidades — Si este fracaso no lo hubiera golpeado, talvez no habría caído en cuenta de su propio potencial.Esto porque fue debido a que sucedieron estas cosas negativas que buscó dentro de sí hasta encontrar el valor y la fuerza para hacerles frente.Además, así sus niveles de fortaleza automáticamente dan un salto y luego del salto rara vezse cae hacia atrás como dice el dicho.

Pensamiento positivo para la vida profesional

El trabajo profesional está plagado de competencia (sí, muchas veces insalubre) y de enormes cantidades de estrés.Aquí están algunos consejos para ayudarle a desarrollar un pensamiento positivo en su lugar de trabajo:

Sea crítico de sí mismo en forma constructiva — No encuentre tantas culpas en sí mismoque empiece a creer que es un inútil.Más bien critíquese constructivamente para que pueda trabajar para crecer y desarrollar su personalidad y sus habilidades.

Visualice la terminación exitosa de sus proyectos —El verse a sí mismo felicitado por sus compañeros y supervisores por haber completado con éxito un proyecto aumenta su confianza.Este aumento de confianza le ayudará a superar los retos que se aproximan.

Relájese y permita que las cosas sigan su curso — Muy a menudo esta actitud funciona.Muchas veces, las cosas se han ampliado fuera de toda proporción y hay situaciones que parecen mucho más grandes de lo que realmente son.Por lo tanto, siéntese, relájese y deje que las cosas sigan su curso.Encontrará que ninguna de las imágenes negativas que se le mostraron terminó materializándose.

No se obsesione con sus errores — Bien, ha cometido algunos errores. Tome las medidas correctivas que haya que tomar y luego siga adelante.No se detenga en los errores pues esto solo aumentará la negatividad en su mente.

Evite amigos y colegas negativos— Nada como una manzana podrida para estropear una cesta de manzanas buenas.Aléjese de las personas negativas tanto como le sea posible.Mantenga su relación con ellas solo a un nivel puramente formal y educado.Esto hará maravillas para mantener los pensamientos negativos lejos de su vida.

Pensamiento positivo para la vida personal

La vida personal generalmente es menos estresante que la vida profesional.Sin embargo, en los escenarios de la vida moderna actual, donde todo mundo quiere más y más de la vida, el estrés ha encontrado su camino también en nuestros hogares.

Aquí algunos consejos de pensamiento positivo para su vida personal:

Encuentre felicidad en el hecho de que su vida esté tan llena de acción— Si solo sucediera todo lo que lo hace feliz, ¿no sería su vida aburrida y sin interés?Vea los retos como una forma de aumentar la actividad en su vida,manteniéndolo activo y completamente alerta.

Tenga algunos amigos a quienes les guste por lo que es— A veces es necesario algo de adulación para salir de la sensación de depresión.Construya un círculo pequeño de familia yde amigos donde pueda ser usted mismo y donde haya gente que sepa cómo animarlo cuando esté triste.

Tome unas vacaciones en familia— Empaque sus maletas, váyase a alguna parte y tome un descanso.Podría ser una salida porsolo el fin de semana o una actividad divertida que dure todo el día.¡Esfuércese en sorprender a su familia con estos regalos y vea cómo la positividad extiende sus alas envolviendo a todo el mundo en su vida!

Todos estos consejos y prácticas toman algo de tiempo para que se vean los resultados.Sea paciente consigo mismo. Siga diligentemente el programa que se ha establecido y verá cómo pronto sus pensamientos positivos se cristalizarán en su vida en algunos resultados grandes y tangibles.

Capítulo 2: Hábitos de Pensamiento Positivo para una Vida Más Enriquecedora

Nuestra actitud decide nuestra vida.Si cedemos a las negatividades asociadas con nuestras propias aflicciones y dolores, y a las que vemos a nuestro rededor en los medios de comunicación y en nuestros amigos, nuestra vida será una larga agonía, insoportable, y aparentemente sin esperanza.Esta forma negativa de vida poco a poco y sin quererlo se convertirá para nosotros en un hábito y comenzaremos a pensar que la vida en realidad es mala.

Sin embargo, cuando conscientemente hacemos esfuerzos positivos para pensar positivamente, y no dejamos que los obstáculos nos bloqueen, entonces poco a poco nuestras vidas comenzarán a verse bien y la negatividad simplemente se desvanecerá en el olvido.

Un refrán muy común y además comprobado sobre los hábitos dice así:Si haces algo continuamente durante 21 días, esto se convertirá en un hábito.En la misma forma con el pensamiento positivo, persista por un mínimo de 21 días en los hábitos que se enumeran en este capítulo y verá que su vida será más plena y más feliz de lo que era antes.

Mantenga un diario donde escriba notas de agradecimiento – Un evento malo durante el día y nos olvidamos de todo lo bueno que ha sucedido antes y después de lo que resultó negativo.Comience y mantenga el hábito de escribir cada día5 cosas buenas que le ocurrieron en su vida.Notará un cambio en su actitud cuando encuentre aspectos de su vida por los cuales puede estar agradecido. ¡Sea agradecido! Es el primer paso para encontrar positividad.

Tener una actitud agradecida, tiene los siguientes beneficios:

- Refuerza su sentimiento de felicidad
- Trae felicidad sostenida
- Mantiene la negatividad y el estrés a raya
- Reduce su apego a las cosas materiales
- Hace que sus relaciones sean más

plenas
- La reducción de estrés le ayuda a relajarse y a dormir mejor

Acepte los fracasos— Ser rechazado, fallar, ser derrotado, etc. son cosas que debe aprender a aceptar como parte de la vida.Estos son fenómenos transitorios y cambiantes.Hoy usted falla y otra persona pasa.Mañana alguien falla, usted pasa.Recuerde el viejo proverbio, "*El fracaso es un peldaño para alcanzar el éxito*".Mientras aprenda de los errores de sus fracasos, podrá fortalecerse y adquirir una mayor experiencia en el manejo de situaciones difíciles y desafiantes.

Emplee palabras positivas y felices para describir los acontecimientos de su vida – Las palabras que elegimos tienen más poder sobre nuestra vidade lo que creemos.El resultado de su vida será un reflejo de lo que piense de ella.Si cree que su vida es ocupada, aburrida, caótica u ordinaria, es porque ve su vida de esa manera.Usted sentirá los efectos de estas palabras negativas en su mente y en su cuerpo.Por otro lado, si usa palabras de ánimo, felices, de contento y llenas de vigor, verá que su vida realmente se llenará de acontecimientos felices.

Cambie las palabras en una frase y vea la magia que esto puede crear en su vida—
Fíjese en las siguientes frases:
- Tengo que recoger la ropa
- Tengo que trabajar duro
- Tengo que pagar las cuentas
- Tengo que alimentar a mi hijo

Y mire ahora estas otras:
- Puedo ir a recoger la ropa
- Puedo trabajar duro
- Puedo pagar las cuentas
- Puedo alimentar a mi hijo

Sustituyendo "tengo que" por "puedo", su actitud hacia la vida sufre un cambio enorme.Mientras que la palabra "tengo que" hace de la tarea una especie de compromiso que está obligado a cumplir, el "puedo" transfiere a la acción un sentimiento de gratitud.El trabajar duro le ayuda a sostener a su familia, a conseguir alimentos y un techo para ellos, le da recursos suficientes para cumplir con los deseos de sus seres queridos.Cambie los acontecimientos de su vida de tareas obligatorias a oportunidades por las cuales está agradecido.

No permita que otros lo desanimen con su actitud quejumbrosa— Usted está teniendo un día maravilloso, está feliz con el resultado de su trabajo y está listo para ir a casa con su familia amorosa.Pero en ese momento entra en la oficina su colega y comienza a quejarse de algo, que hasta entonces no parecía ser en absoluto una razón para quejarse.

Sin embargo, el lloriqueo y quejas constantes de esta persona en algún momento lo tocan, y usted sin querer comienza a estar de acuerdo con sus puntos de vista, y su hermoso día se va disparado por la ventana.Cuando llega a casa, está de mal humor, enojado, lleno de resentimiento y la vida le parece un infierno.

Reconozca estos eventos en su vida y recuerde mantener a raya a estas personas o alejar su mente lejos de sus peroratas.No permita que la actitud quejumbrosa de otros lo toque innecesariamente.

Busque soluciones cuando se discutan los problemas—Ser positivo no quiere decir no tener en cuenta los problemas.Por el contrario, su visión positiva de los problemas le ayudará a obtener soluciones.El pensamiento positivo le ayuda a examinar los problemas y las situaciones con una objetividad que, a su vez, le ayudará a percibir las cosas en forma realista y sin la carga de otras emociones.Surgirán soluciones.Por lo tanto, cuando alguien esté hablando acerca de los problemas, búsqueles más bien soluciones en lugar de decirles que están equivocados.

Haga que al menos una persona sonría—Pregúntese a sí mismo, "¿En quién pienso la mayor parte del tiempo?"La respuesta será en usted mismo.Pensamos en nosotros mismos, en nuestros problemas, en cómo solucionarlos, en cómo evitar nuestros problemas, en cómo hacer esto o lo otro en nuestra vida, etc.La vida, consciente o inconscientemente, gira en torno a nosotros mismos.Haga todos los días un esfuerzo consciente para hacer que otra persona sonría.Pensar en la felicidad de otros nos hace caer en cuenta qué tan profundo es nuestro potencial para impactar positivamente el mundo que nos rodea.Esto aumenta nuestra confianza y tambiénnos hace felices.

Busque buenos acontecimientos alrededor del mundo—El mundo está plagado de violencia, odio, guerras y batallas.Los medios de comunicación estánllenos de noticias de muertes y destrucción; a veces naturales y más a menudo causadas por los seres humanos.Sin embargo, hay muchas historias de heroísmo y de compasión que brillan a través de estos tristes acontecimientos.Concéntrese en estas y se sentirá más optimista, más alegre, y el sentido rastrero de cinismo saldrá volando por la ventana.

Una actitud negativa nos impide ser felices y esta infelicidad se extiende a los demás con quienes nos relacionamos.Hay muchos estudios que demuestran la verdad irrefutable: una actitud positiva se conecta directamente al éxito y a la felicidad.Por lo tanto, haga este esfuerzo extra para permanecer positivo, para mantener pensamientos positivos, y poco a poco con un esfuerzo diligente, ¡encontrará que esta actitud se convierte en un hábito del cual no podrá desprenderse!

Capítulo 3: El Pensamiento Positivo y el Poder del Ahora

Vivir el momento presente le ayudará a apreciar las buenas cosas de la vida,lo que lo empoderará para sentirse realizado y feliz.Cuando se concentra en el momento actual se vuelve uno positivo e invariablemente se enfoca en cosas agradables.Y cuando se enfoca así en cosas buenas, sus pensamientos también se dirigen hacia la positividad.

Usted comienza a aplicar esta positividad para atraer cosas más positivas a su vida, lo que lo lleva a una sensación de bienestar general.De nuevo querría recalcar que el pensamiento positivo no significa huir de los problemas.Significa más bien percibirlos bajo una luz objetiva.Esta objetividad mejora las probabilidades de encontrar una buena solución para los problemas que tenga.

Estoy de acuerdo que no siempre es fácil vivir el presente teniendo en cuenta que nuestras mentes se están concentrando en las cosas de las que hay que ocuparse en el futuro y/o preocupándose por el resultado de acciones pasadas.Sin embargo, es posible aprovechar el poder del "ahora" más de lo que lo estamos haciendo, ycuando se esté ocupando del momento actual enfocarse en cosas positivas.

He aquí una manera de comenzar a hacer un esfuerzo para vivir el ahora.¿Qué está haciendo en este momento?Está leyendo este libro.Concéntrese en las cosas buenas de esta lectura.Por ejemplo:

- Si está leyendo el libro significa que sabe leer. Hay muchas personas que no saben leer y que, por lo tanto, no serían capaces de leer y de disfrutar de este ni de ningún otro libro.
- Si está leyendo este libro significa que tuvo los recursos para comprarlo. Hay muchas personas en el mundo que luchan para tratar de tener una comida decente al día. Olvídese de que van a comprar un libro.
- Si está leyendo este libro significa que está buscando formas de mejorar su vida. Hay muchas personas que pueden tener los medios para leer y para comprar libros pero que no tienen la

inclinación para mejorarse ellos mismos. Piensan que la vida es lo que ven: es esto y más nada. Mientras que a diferencia de ellos usted sabe y siente que en la vida hay algo más que comer, beber, dormir, trabajar, etc. ¡Usted es realmente afortunado!

Espero que haya entendido cómo hacer para enfocarse en el momento actual y ver entonces las cosas buenas que hay en el presente.Ahora, durante el día, tómese un momento para concentrarse y observar su situación actual.Haga una lista de las cosas positivas que ve en su situación.Y tendrá en sus manos el poder del ahora.Recuerde combinar cosas positivas y el momento presente.Deje de lado todo lo negativo.

A medida que comience a profundizar en su mente, verá muchas cosas por las cuales puede estar agradecido y menos por las cuales quejarse.Esto hará su vida más positiva y más plena.

Este tipo de ejercicios sencillos lo ayudarán muchísimo a hacer del pensamiento positivo un hábito que quede arraigado profundamente en su psiquis.Cuando

tenga pensamientos positivos inundando su mente será más capaz de lo siguiente:
- De lograr sus objetivos de vida
- De vivir su vida como lo desea
- De obtener de la vida lo que quiera.

Más aún, una persona de pensamiento positivo es una persona mucho más productiva que una que se estanca en la negatividad.Así es cómo:

La gente disfruta ayudando al pensador positivo— A la gente le gusta ayudar al pensador positivo y esto le permite tener acceso a los beneficios de las capacidades de otras personas.Nadie quiere asociarse con gente que esté enojada, resentida, o infeliz.Por el contrario, a todo el mundo le encanta trabajar con gente sonriente y feliz.Esto mejora su propia productividad.

Ahorra tiempo al no desperdiciarlo en quejas— Cuando usted se queja desperdicia el tiempo innecesariamente.En cambio, si usa ese tiempo para encontrar una solución, ¿no es eso un aumento de productividad?

Mejora los niveles de energía— Ser positivo y estar rodeado de gente positiva lo hará siempre sentircon más energía, y esto le permitirá hacer más trabajo que si se dedica a tener pensamientos deprimentes y negativos.

Levanta el espíritu de todo el equipo — La positividad y la negatividad son contagiosas.Si se siente deprimido, su tristeza se extiende a su equipo, y si se siente feliz esta felicidad también se extiende a su equipo.Por lo tanto, concéntrese en la positividad y reparta felicidad. Esto hará que su equipo se sienta animado y listo para asumir los desafíos del trabajo.Esta actitud también funcionará para su familia.

Resuelvelos problemas.No crea problemas— Puede mirar hacia atrás en su vida y pensar ¿cuántas veces un problema que tenía ha desaparecidocuando he sido capaz de reírme de él?Por supuesto en realidad el problema no había desaparecido. La negatividad que había en la sala desapareció cuando todo el mundo se rio de su chiste.Esto creóen todos una actitud positiva y llegaron varias propuestas de soluciones.Por el contrario, ¡una actitud negativa tiene el poder de hacer ver una montaña donde solo hay un grano de arena!

La actitud de pensamiento positivo es fácil de lograr.De hecho, una vez que haya hecho el intento de aprenderlo y dominarlo, encontrará que ¡es difícil ser negativo!Solo tiene que empezar a creer en sus fortalezas internas y en su mente subconsciente y dirigirlas a trabajar para su beneficio.

Capítulo 4: Métodos de Pensamiento Positivo para la Diversión y la Relajación

Cuando tenga tiempo libre, no lo desperdicie pensando en las cosas malas y negativas que sucedieron en su vida.Por el contrario, disfrute de algunas actividades positivas que le proporcionarán mucha diversión y relajación.Puede utilizar estos consejos para pasar su tiempo libre de manera relajada, reduciendo así el estrés en su vida.

Además, permítame advertirle que el tiempo libre no vendrá por sí solo.Usted tiene que conscientemente destinar un tiempo durante el día para esta actividad.De hecho, para tener una sensación general de bienestar es esencial relajarse completamente al menos durante unos 30 minutos diarios.Acostúmbrese a esto y verá el cambio en su actitud hacia la vida.

Lea un libro— Elija lo que quiera, pero me gustaría aconsejarle que evite los libros sobre temas enfermizos, de horror o libros que ni inspiran ni motivan.La lectura de un libro inspirador es ideal.Cuando esté leyendo ese libro, debe sentir que "¡Guau!¡También puedo hacer esto!"

Música— Citando a Platón: "La música le da alma al universo, alas a la mente, vuelo a la imaginación, y todo a la vida."¿Necesito decir más?Escuche su música favorita, relájese y disfrute de esta sensación libre y relajadora.

Concéntrese en su respiración — Este es un excelente método para comenzar a meditar.Simplemente concéntrese en la forma en que está respirando, en la inhalación y la exhalación.Cada vez que su mente se aleje de este enfoque, vuelva suavemente a la respiración.Inhale y exhale.No trate de forzarse a sí mismo.Simplemente observe cómo está respirando.Comience con 10 minutos al día y aumente gradualmente el tiempo.

Con la práctica repetida y constante, un día va a encontrar que en algún momento durante esta actividad su mente está ¡completamente vacía de pensamientos!¡Esta es la magia que estaba buscando!Sin embargo, esto solo sucederá en el largo plazo.Hasta entonces, concéntrese un poco a la vez en la respiración y en sentirse relajado.

Ejercicio—Destine al menos 30 minutos diarios a algún tipo de actividad física.Una agradable caminata en la noche, un agradable paseo por la mañana, un corto trote o carrera, o cualquier otra cosa que se adapte a usted estará bien.Pero, incluya siempre la actividad física en su rutina diaria.Las feromonas producidas durante la actividad tienen el poder de elevar su estado de ánimo.

Reír— Aunque puede que no sea posible que todos los días suceda algo gracioso en su vida, estoy seguro de que hay un par de cosas en las que puede pensar, que nunca dejarán de traerle una sonrisa a su rostro.Recuerde estos momentos porque los sentimientos negativos y una sonrisa y una cara feliz no se dan al mismo tiempo.

Cree algo— Haga alguna actividad que resulte en algo tangible que pueda sentarse a ver y a disfrutar.Si le gusta cocinar, cocine algo para sus seres queridos y vea las sonrisas en sus caras a medida que prueban lo que les ha preparado.Si le gusta pintar, entonces pinte algo.Puede hacer solo unos trazos, colorear, dibujar o crear alguna artesanía en papel para los niños pequeños.Puede hacer cualquier cosa. ¡Crear algo le dará un sentido de logro que alejará la negatividad!

Las técnicas de diversión y de relajación son elementos críticos para hacer su vida más sana, satisfactoria y feliz.Estas además mantienen los pensamientos negativos a raya.Deléitese rutinariamente con ellos y observe cómo su productividad general da un gran salto.

Conclusión

Nadie en este mundo está libre de preocupaciones y de penas.Cada uno está plagado de diferentes tipos de problemas y de situaciones.La filosofía del pensamiento positivo no es barrer los problemas bajo la alfombra y hacer como que no existieran.Por el contrario, la filosofía del pensamiento positivo insta y exhorta a afrontarde frente los retos y a encontrar la fuerza para superarlos.

Mantenga un estado de ánimo positivoy así tendrá la fuerza para enfrentar y vencer los obstáculos y las dificultades.Esta filosofía fortalecerá su determinación de encontrar soluciones a problemas irritantes.El pensamiento positivo es tan contagioso que una vez se le convierta en un hábito, todas las personas con quienes entre en contacto se sentirán feliz y gozosamente afectadas con su sentimiento de positividad.

Siga diariamente la siguiente rutina:

- Recuerde, usted es dueño de sus pensamientos, ellos no son los dueños suyos

- Vea la belleza a su alrededor
- Deje de buscar excusas
- No crea que es una víctima
- Planifique su propio futuro. No deje que alguien más lo haga por usted
- Tenga expectativas reales
- Acepte con sinceridad sus debilidades
- Siéntase orgulloso de sus fortalezas
- Entusiásmese con las cosas que están sucediendo en su vida
- Relájese y planifique lo que quiere hacer hoy
- Crea en sí mismo
- Comience ahora
- Sea implacable con los pensamientos negativos y échelos fuera de su mente
- Busque la compañía de gente alegre y evite la compañía de gente infeliz
- Mire las cosas desde una nueva perspectiva
- Y, por último, sonría

Durante la curva de aprendizaje, mantenga la conciencia de cada uno de sus pensamientos y de sus actividades. Con el tiempo y con la práctica, el hábito del pensamiento positivo se incrustará tan profundamente en su psiquis que ni siquiera si lo desea podrá ya echarlo fuera.

Así que, ¿qué está esperando?Comience ahora su viaje de pensamiento positivo y vea la cantidad de cambios positivos que van a afectar su vida y la de sus seres queridos.

¡De nuevo gracias por comprar este libro!

Espero que este libro le haya podido ayudar a entender lo fácil que es hacer del pensamiento positivo una parte indeleble de su vida.

El siguiente paso es comenzar de inmediato.

¡Gracias y buena

www.ingramcontent.com/pod-product-compliance
Lightning Source LLC
LaVergne TN
LVHW020423080526
838202LV00055B/5020